EINFACH
ENTSPANNEN

THICH NHAT HANH

Aus dem Englischen von
Ursula Richard

22 Illustrationen

O.W. BARTH✱

Die amerikanische Originalausgabe erschien 2015 unter dem Titel
»How to relax« bei Parallax Press, Berkeley, California.

Besuchen Sie uns im Internet:
www.ow-barth.de

FSC
www.fsc.org

MIX

Papier | Fördert
gute Waldnutzung

FSC® C083411

Deutsche Erstausgabe September 2016
© 2015 Unified Buddhist Church, Inc.
© 2016 für die deutschsprachige Ausgabe O. W. Barth Verlag
Ein Imprint der Verlagsgruppe
Droemer Knaur GmbH & Co. KG, München
Alle Rechte vorbehalten. Das Werk darf – auch teilweise – nur mit
Genehmigung des Verlags wiedergegeben werden.
Covergestaltung: ZERO Werbeagentur GmbH, München
nach einem Entwurf von Debbie Berne
Coverabbildung und Illustrationen innen: Jason DeAntonis
Satz: Adobe InDesign im Verlag
Druck und Bindung: CPI books GmbH, Leck
ISBN 978-3-426-29252-5

INHALT

Sie müssen keine besondere Zeit zum Ausruhen und Entspannen einplanen. Sie brauchen kein spezielles Kissen oder ausgefallene Accessoires und auch keine Extrastunde Zeit. Tatsächlich ist genau jetzt der richtige Moment zum Entspannen.

Vermutlich atmen Sie genau in diesem Moment ein und aus. Schließen Sie Ihre Augen, wenn Ihnen das möglich ist. Das wird Ihnen helfen, Ihre Aufmerksamkeit auf den Atem zu lenken. Ihr Körper tut gerade so viele Dinge. Ihr Herz schlägt. Ihre Lungen atmen Luft ein und aus. Das Blut wandert durch Ihre Adern. Ihr Körper arbeitet ohne Anstrengung und ist dabei entspannt.

EINFACH
ENTSPANNEN

AUSRUHEN

Wenn Tiere im Wald sich verletzen, ruhen sie sich aus. Sie suchen sich einen ruhigen Platz und bleiben dort, ohne sich zu bewegen – oft viele Tage lang. Sie wissen, dass ihr Körper so am besten heilen kann. Während dieser Zeit nehmen sie weder Nahrung noch Flüssigkeit zu sich. Die Weisheit des Innehaltens und der Heilung ist in den Tieren immer noch lebendig; wir Menschen haben diese Fähigkeit jedoch verloren.

HEILEN

Wir Menschen haben das Vertrauen verloren,
dass unser Körper weiß, was zu tun ist. Sobald
wir einmal Zeit für uns haben, geraten wir in
Panik und machen viele verschiedene Dinge.
Achtsames Atmen hilft uns, die Kunst des Ausruhens wieder zu erlernen. Achtsames Atmen ist
wie eine liebevolle Mutter, ein liebevoller Vater,
die ihr Baby im Arm wiegen und sagen: »Sorge
dich nicht. Ich passe gut auf dich auf. Ruh dich
einfach aus.«

DAS GEWAHRSEIN FÜR
DAS ATMEN

Ganz gleich, welche Gedanken, Gefühle oder
Wahrnehmungen in Ihnen sind, Ihr Atem ist
immer für Sie da, wie ein guter Freund. Kehren
Sie zu Ihrem Atmen zurück, wenn Gedanken
Sie davontragen, starke Gefühle Sie überwältigen oder Sie sich unruhig und zerstreut fühlen.
Bringen Sie Körper und Geist zusammen und
verankern Sie Ihren Geist. Seien Sie sich der Luft
bewusst, die in Ihren Körper ein- und ausströmt.
Durch dieses Gewahrsein wird Ihr Atmen ganz
von selbst leicht, ruhig und friedvoll werden. Ob
Sie nun gehen, Auto fahren, im Garten arbeiten
oder am Computer sitzen, Sie können zu jeder
Tages- und Nachtzeit zu diesem friedvollen Atmen zurückkehren.

VERS ZUM AUSRUHEN

Den folgenden kleinen Vers können wir jederzeit nutzen, um eine Mini-Pause einzulegen. Er
ist wie ein Kurzurlaub, der uns zurückbringt zu
unserem wahren Zuhause.

Ich atme ein und weiß, dass ich einatme.
Ich atme aus und weiß, dass ich ausatme.

Wir können den Vers noch verkürzen; auch dann
funktioniert er:

Ein.
Aus.

DEM ATEM FOLGEN

Folgen Sie sanft und mühelos Ihrem Einatmen
und Ihrem Ausatmen vom Anfang bis zum Ende.
Das stärkt Ihre Achtsamkeit und Konzentration.
Einfach nur dazusitzen und dem Atmen zu folgen
kann viel Freude und Heilung bringen.

Ich atme ein und folge meinem Einatmen vom
Anfang bis zum Ende.
Ich atme aus und folge meinem Ausatmen
vom Anfang bis zum Ende.

RUHIGES GEWÄSSER

Jeder von uns ist wie die Wellen und auch wie
das Wasser. Manchmal sind wir aufgeregt,
unruhig und aufgewühlt wie Wellen. Manchmal
sind wir ruhig wie ein stilles Gewässer. Wenn
das Wasser ruhig ist, spiegelt es den blauen
Himmel, die Wolken und die Bäume. Manchmal fühlen wir uns zu Hause, in der Arbeit oder
Schule müde, aufgewühlt oder unglücklich. Dann
können wir uns in ein ruhiges Gewässer verwandeln. Die Ruhe ist bereits in uns; wir müssen nur
wissen, wie wir ihr Ausdruck verleihen können.

MEDITATION

Meditation bedeutet, etwas vollkommene Aufmerksamkeit zu schenken. Es bedeutet nicht, vor dem Leben davonzulaufen, sondern ist vielmehr eine Gelegenheit, uns und unsere gegenwärtige Situation auf tiefe Weise zu betrachten.

DER ERSTE ASPEKT
DER MEDITATION

Meditation hat zwei Aspekte. Der erste ist das
Innehalten (auf Sanskrit *shamatha*). Wir rennen
unser ganzes Leben lang und jagen irgendwel-
chen Vorstellungen von Glück hinterher. Innehalten bedeutet, damit aufzuhören. Wir kommen
nach Hause in den gegenwärtigen Moment, in
dem uns das Leben zur Verfügung steht. Der
gegenwärtige Moment enthält jeden Moment.
Hier können wir unsere Vorfahren, unsere Kinder
und deren Kinder berühren, selbst wenn diese
noch nicht geboren sind. Wir beruhigen unseren Körper und unsere Gefühle durch die Praxis
des achtsamen Atmens, achtsamen Gehens
und achtsamen Sitzens. Shamatha ist auch die
Praxis der Konzentration, damit wir unser Leben
auf tiefe Weise leben und unser wahres Wesen
berühren können.

INNEHALTEN

Wenn wir nicht zur Ruhe kommen können, haben wir noch nicht aufgehört, umherzurennen. Das machen wir schon lange Zeit so, selbst noch im Schlaf. Wir glauben, dass Glück und Wohlbefinden in der Gegenwart nicht möglich sind. Wenn wir innehalten und im Hier und Jetzt ankommen, erkennen wir, dass es viele Elemente des Glücks gibt, die in diesem Augenblick verfügbar sind. Und selbst wenn wir gegenwärtig einiges nicht mögen, gibt es gleichzeitig genügend positive Bedingungen, um glücklich zu sein. Bei einem Gang durch den Garten sehen wir vielleicht, dass ein Baum stirbt. Das macht uns traurig. Doch schauen wir noch einmal hin, sehen wir, dass der restliche Garten noch immer schön ist. Dann können wir ihn auch genießen.

DER ZWEITE ASPEKT
DER MEDITATION

Der zweite Aspekt der Meditation ist tiefes Schauen (auf Sanskrit *vipashyana*), um die wahre Natur der Dinge zu erkennen. Verstehen ist ein großes Geschenk. Das tägliche Leben achtsam zu führen ist ebenfalls ein großes Geschenk – und es ist gleichzeitig Meditationspraxis. Achtsamkeit beinhaltet Konzentration und Verstehen.

ACHTSAMKEIT IM TÄGLICHEN LEBEN

Achtsamkeit heißt, jeden Augenblick des täglichen Lebens tief zu berühren. Achtsam sein bedeutet, wahrhaft präsent zu sein mit Körper und Geist, so dass wir unsere Absichten und Handlungen in Harmonie bringen und auch in Harmonie sind mit anderen Menschen. Dafür müssen wir uns keine Extrazeit außerhalb unserer täglichen Aktivitäten nehmen. Achtsamkeit können wir in jedem Augenblick unseres Tages praktizieren – in der Küche, im Badezimmer, im Garten oder wenn wir uns von einem Ort zum anderen bewegen. Wir können das tun, was wir immer tun – gehen, sitzen, arbeiten, essen –, mit achtsamer Bewusstheit für das, was wir tun. Unser Geist ist bei unseren Handlungen.

EINE ENTSPANNTE HALTUNG

Welche Haltung ist für Sie die entspannteste?
Manche glauben, sie könnten nur im Liegen
entspannen. Doch Sie können auch in entspannter Haltung sitzen. Ihre Haltung sollte dabei
aufrecht und nicht steif sein. Entspannen Sie Ihre
Schultern. Schauen Sie, ob Sie ohne körperliche
Anspannung sitzen können.

HEILENDE ENERGIE

Wenn Sie für sich allein ruhig und friedvoll meditieren, ist das bereits entspannend und heilsam. Selbst wenn niemand weiß, dass Sie meditieren, kann die dadurch erzeugte Energie sehr wohltuend für Sie und für die Welt sein. Wenn Sie mit anderen sitzen, gehen und arbeiten, vervielfältigt sich diese Energie, und Sie schaffen gemeinsam eine machtvolle kollektive Achtsamkeitsenergie für Ihre eigene Heilung und die Heilung der Welt. Das kann niemand allein tun. Die Welt braucht diese essenzielle spirituelle Nahrung.

DIE KOLLEKTIVE ENERGIE
DER HEILUNG ·

Normalerweise glauben wir, dass Entspannung
und Heilung geschehen, wenn wir allein sind.
Mittlerweile haben jedoch Tausende Menschen
an kollektiven Geh- und Sitzmeditationen in den
geschäftigsten Städten der Welt teilgenommen.
Sie sind achtsam und friedvoll um den Hoan-
Kiem-See in Hanoi gegangen. Sie haben Fuß-
abdrücke des Friedens und der Freiheit auf den
alten Straßen und Plätzen Roms hinterlassen.
Tausende von uns haben schweigend und still auf
dem belebten Trafalgar Square in London und
im Zucotti-Park in New York gesessen. Bei dieser
kollektiven Praxis kann jeder mit der Energie des
Friedens, der Freiheit, Heilung und Freude in
Berührung kommen. Die kollektive Energie ist ein
Geschenk, das wir uns selbst, das wir einander,
der Stadt und der Welt machen können.

FREUDE KULTIVIEREN

Vielleicht glauben wir, dass Freude spontan entsteht. Doch Freude muss gepflegt und praktiziert werden, damit sie wachsen kann. Sitzen wir in Achtsamkeit mit anderen zusammen, ist es leichter zu sitzen. Uns mit anderen zu entspannen macht das Entspannen leichter. Die kollektive Energie kann uns helfen, wenn wir müde sind oder unser Geist umherwandert. Die kollektive Energie kann uns zu uns selbst zurückbringen. Deshalb ist es so wichtig, mit anderen zu praktizieren. Anfangs sind wir vielleicht besorgt, dass wir bei der Sitz- oder Gehmeditation nicht alles richtig machen, und zögern aus Angst vor Beurteilungen davor, mit anderen gemeinsam zu üben. Doch wir alle wissen, wie man sitzt und wie man atmet. Mehr müssen wir nicht tun. Nach nur wenigen Momenten, in denen wir uns auf den Atem konzentrieren, können wir Frieden und Ruhe in Körper und Geist spüren.

Dafür müssen wir lediglich unserem Ein- atem und Ausatem Aufmerksamkeit schenken. Uns einfach darauf ausrichten. Allein dadurch können wir die Unruhe in unserem Geist und unserem Körper beruhigen und inneren Frieden und Stabilität wiederherstellen. Die Konzentra- tion der anderen wird uns ebenfalls unterstüt- zen, wenn wir mit der Praxis beginnen. Üben wir jeden Tag ein klein wenig, allein oder mit anderen, wird es immer einfacher, zum achtsa- men Atmen zurückzukehren. Je mehr wir uns darin üben, desto leichter werden wir die Tiefen unseres Bewusstseins berühren und die Energie des Mitgefühls entwickeln. Jeder von uns kann das.

GEMEINSAM FREUDE ÜBEN

Wenn wir uns anstrengen, können wir nicht entspannen, ebenso können wir mit zu viel Strenge nicht achtsam sein. Praktizieren wir als Gemeinschaft, wird unsere Achtsamkeitspraxis freudvoller, entspannter und beständiger. Wir sind füreinander Glocken der Achtsamkeit, unterstützen und erinnern einander auf dem Übungsweg. Mit Unterstützung der Gemeinschaft können wir inneren Frieden und Freude entwickeln, die wir den Menschen in unserem Umfeld weitergeben. Wir kultivieren Stabilität und Freiheit, Verstehen und Mitgefühl. Wir schauen tief, um zu der Einsicht zu gelangen, die uns von Leid, Furcht, diskriminierendem Denken und Missverstehen befreien kann.

ACHTSAMKEIT DES KÖRPERS

In unserem Körper mögen Spannungen und schmerzende Stellen sein. Wenn wir das unterdrücken oder ignorieren, werden die Anspannungen und Schmerzen zunehmen und uns hindern, Glück zu erleben. Spannungen im Körper lassen uns nicht gut schlafen, und wir haben vielleicht auch Probleme mit dem Essen. Achtsames Atmen kann uns helfen, zu entspannen und dem Körper Frieden zu bringen. Als Erstes kümmern wir uns gut um unseren Körper und erst dann um unseren Geist.

MIT UNS SELBST KOMMUNIZIEREN

Manchmal wollen wir uns entspannen, weil
wir nicht denken möchten. Das ist wundervoll,
wir alle brauchen gedankenfreie Zeiten. Doch
bedeutet das nicht, dass wir aufhören sollten,
zuzuhören. Wenn wir mit dem Denken aufhören,
können wir anfangen, unserem Körper und unseren Emotionen zuzuhören. Die moderne Techno-
logie erlaubt uns, mit Menschen, die sehr weit
von uns entfernt leben, in nur wenigen Augen-
blicken Kontakt aufzunehmen. Doch kann wahre
Kommunikation mit anderen nicht stattfinden,
bevor wir nicht innehalten, uns entspannen und
uns selbst zuhören.

SICH WIEDER WOHL FÜHLEN

Körperliche Spannungen zu lösen und dem Körper Ruhe zu bringen ist der erste Schritt, um sich
wieder wohl zu fühlen. Sie können Ihren Körper
nicht heilen, wenn Sie ihm keine Aufmerksamkeit schenken. Bringen Sie Ihren Geist zurück zu
Ihrem Körper, dann sind Sie im Hier und Jetzt.
Das gibt Ihnen die Möglichkeit, Schmerz, Leiden
oder Spannungen in Ihrem Körper wahrzunehmen, ohne sie zu beurteilen. Das ist der Beginn
von Heilung.

FRIEDLICHES ATMEN

Wenn wir beginnen, uns unseres Atmens bewusst zu werden, ist der Atem anfangs wahrscheinlich nicht sehr friedvoll. Vielleicht ist er hastig, ungleichmäßig oder flach. Dies liegt an unseren körperlichen Spannungen oder unserer Traurigkeit und anderen Beschäftigungen unseres Geistes. Beim Ein- und Ausatmen konzentrieren wir uns nur auf unser Atmen. Wenn wir mit der Übung des achtsamen Atmens fortfahren, wird das Atmen mit der Zeit sanfter, tiefer, friedvoller und der Geist ist nicht mehr so zerstreut.

Die folgenden drei Übungen helfen, dem Atem Frieden zu schenken. Die erste ist, den Einatem als Einatem zu erkennen und den Ausatem als Ausatem. Die zweite besteht darin, die Länge des Einatems und Ausatems wahrzunehmen. Die dritte ist, dem Atem in seinem gesamten Verlauf vom Anfang bis zum Ende zu folgen. Das ist Konzentration. Wir beobachten den Atem dabei nur, ohne ihn zu beeinflussen. Wir lassen ihn ganz natürlich fließen. Durch das Gewahrsein wird der Atem von selbst tiefer, langsamer und friedvoller.

Ich atme ein und weiß, dass ich einatme.
Ich atme aus und weiß, dass ich ausatme.

Ich atme ein und nehme wahr, dass mein Einatem lang oder kurz ist.
Ich atme aus und nehme wahr, dass mein Ausatem lang oder kurz ist.

Ich atme ein und folge meinem Einatem in seinem ganzen Verlauf.
Ich atme aus und folge meinem Ausatem in seinem ganzen Verlauf.

DER KLANG DER GLOCKE

Als ich im Alter von sechzehn Jahren Novize wurde, begann ich mit dem Einladen der Glocke. Wir sprechen vom »Einladen der Glocke« und nicht vom »Schlagen der Glocke«, denn für uns ist die Glocke eine Freundin. Wir möchten ihren Klang in unseren Körper einladen. Einen Glockenklang einladen ist ein sehr einfacher Weg zur Entspannung. Wenn wir die Glocke hören, atmen wir ein und aus und nehmen den wundervollen Klang in uns auf. Das ist alles. Wenn wir keine Glocke zur Hand haben, können wir einen anderen Klang nehmen – ein Telefonklingeln, ein Flugzeug, das über unserem Kopf hinwegfliegt, das Glockengeläut einer Uhr, einen Zeitmesser auf unserem Computer oder die uns umgebenden natürlichen Geräusche. Wir können sogar das Geräusch eines Presslufthammers oder Laubbläsers nutzen.

DER ATEMRAUM

Haben Sie zu Hause einen Ort, der nur der
Entspannung dient? Dieser Ort muss nicht groß
sein. Es kann eine kleine Ecke sein (aber nicht Ihr
Bett!) oder ein anderer Platz im Raum, der nur
dem Atmen und Entspannen dient. Dort sollte
nicht gegessen oder Hausarbeit verrichtet, keine
Wäsche zusammengelegt oder etwas gearbeitet
werden. Dieser Ort ist so wichtig wie ein Platz
zum Essen, Schlafen oder der Gang zur Toilette.
Wir brauchen einen Ort, so klein er auch sein
mag, an dem wir uns um unser Nervensystem
kümmern und Ruhe und Frieden wiederherstellen können.

FRIEDEN SCHAFFEN

Jeder von uns hat einen physischen Körper, ebenso wie Gefühle, Wahrnehmungen, Gedanken, Emotionen und ein Tiefenbewusstsein. Dies ist unser Herrschaftsgebiet, und jeder von uns ist ein König, eine Königin und herrscht über das eigene Reich. Doch wir verhalten uns nicht wie verantwortungsbewusste Monarchen. In unserem Reich gibt es Disharmonie und Konflikte. Statt unser Herrschaftsgebiet zu inspizieren, flüchten wir uns in Konsum. Achtsamkeit gibt uns den Mut und die Energie, zurückzukehren und Körper, Gefühle und Emotionen zu umarmen, auch wenn sie unangenehm sein mögen. Selbst wenn sie uns zerstörerisch erscheinen, sollten wir uns ihnen zuwenden, sie umarmen und ihnen helfen, sich zu verwandeln. Fürchten wir uns davor, können wir Freundinnen oder Freunde um Unterstützung bitten. Durch die Übung des achtsamen Gehens, bewussten Atmens und achtsamen Essens stärken wir die Energie der Achtsamkeit und können friedvoll über unser Reich regieren.

EIN MUSSETAG

Die meisten von uns haben verplante Tage und volle Kalender. Doch haben wir in unserem Kalender auch genügend Freiräume? Tage ohne Termine und geplante Aktivitäten, die sich ganz von selbst entfalten, ohne Zeitdruck? An einem solchen Tag haben wir die Gelegenheit, unser inneres Gleichgewicht wiederherzustellen. Vielleicht machen wir allein oder mit einer Freundin eine Gehmeditation oder eine Sitzmeditation im Wald. Möglicherweise haben wir Lust, etwas zu lesen oder an unsere Familie oder einen Freund einen Brief zu schreiben. An einem Mußetag können wir unsere eigene Praxis und unsere Beziehungen zu anderen näher betrachten. Oder wir stellen fest, dass wir uns dringend ausruhen müssen. Haben wir einmal nicht verplante Zeit, langweilen wir uns schnell, suchen nach Unterhaltungsmöglichkeiten oder sehen uns um, ob es nicht etwas zu tun gibt. Ein Mußetag ermöglicht uns, die Angst vor dem Nichtstun zu verlieren. Vielleicht glauben Sie, dass Nichtstun verschwendete Zeit sei. Doch das stimmt nicht. Ihre Zeit ist vor allem dafür da, dass Sie sind – dass Sie lebendig und in Frieden sind.

FRIEDEN SEIN

Die Welt braucht freudvolle, liebevolle Menschen, die fähig sind, einfach zu sein. Wenn wir die Kunst, Frieden zu sein, kennen, bestimmt das unser Handeln. Unser Sein ist die Grundlage für unser Handeln, und die Qualität unseres Seins bestimmt die Qualität unserer Handlungen. Handeln muss in Nicht-Handeln gründen. Manchmal sagen die Leute: »Sitz doch nicht rum, tu etwas.« Doch sollten wir die Aussage umkehren und sagen: »Tu nicht einfach irgendwas, setz dich hin«, damit Frieden, Verstehen und Mitgefühl möglich werden.

ENTSPANNUNG BEDARF
DER EINSICHT

Wir wissen, dass sich manche Menschen sehr
darum bemühen, achtsam zu sein, doch sie
können sich nicht entspannen. Sie versuchen,
achtsam zu atmen und zu gehen, sie bemühen
sich sehr, und doch sind sie außerstande, sich
zu entspannen – denn Bemühen ist noch keine
Achtsamkeit. Sie sind nicht entspannt, nur weil
sie die Absicht haben, sich zu entspannen. Sie
können nicht innehalten, nur weil sie die Absicht
haben, innezuhalten. Achtsamkeit, wahre Achtsamkeit, muss wahre Sicht, Einsicht, beinhalten.
Um sich zu entspannen, braucht man Einsicht.

ACHTSAMKEIT AUF ETWAS

Achtsamkeit ist stets die Achtsamkeit *auf* etwas.
Wir können auf unseren Atem, unsere Schritte, unsere Gedanken und unsere Handlungen achtsam sein. Achtsamkeit erfordert, dass wir dem, was wir tun, unsere volle Aufmerksamkeit schenken, ob wir nun gehen, atmen, unsere Zähne putzen oder eine Kleinigkeit essen. Können wir mit Bewusstheit sagen: »Ich atme ein und weiß, dass ich einen Körper habe«, ist das bereits eine Einsicht. Wir verstehen, wie wir uns um unseren Körper kümmern können. Wollen wir Stress und Anspannung reduzieren, müssen wir uns bewusst werden, dass wir viel umhergehetzt sind. Wahres Glück ist nicht in Erfolg, Geld, Ruhm oder Macht zu finden. Wahres Glück finden wir im Hier und Jetzt. Mit diesem Wissen können Sie wirklich entspannen.

SICH IN DER NATUR ENTSPANNEN

Wenn Sie in den Bergen unterwegs sind, in einem Park oder an einem Flussufer, können Sie Ihrem Atmen folgen. Fühlen Sie sich müde oder gereizt, können Sie sich hinlegen, die Arme seitlich am Körper, alle Muskeln entspannen und sich Ihres Atems und Ihres Lächelns bewusst werden. Es ist wundervoll und sehr erfrischend, sich auf diese Weise zu entspannen. Tun Sie dies mehrmals am Tag; es wird Ihnen guttun. Ihr achtsames Atmen und Ihr Lächeln werden Ihnen und den Menschen in Ihrem Umfeld Glück bringen. Es gibt nichts, was man kaufen könnte, das Ihnen und Ihren Lieben so viel wahres Glück schenken könnte wie Ihre Bewusstheit, Ihr Atmen und Lächeln – diese wertvolle Geschenke kosten nichts.

UNS SELBST HEILEN,
DIE ERDE HEILEN

Achtsamkeit und eine tiefe Bewusstheit für die Erde können uns helfen, mit Schmerz und schwierigen Gefühlen umzugehen, unser eigenes Leid zu heilen, und unsere Fähigkeit stärken, das Leiden anderer wahrzunehmen. Werden wir uns der Großzügigkeit der Erde bewusst, schafft das ein angenehmes Gefühl. Solche freudvollen, glücklichen Momente erschaffen zu können ist wesentlich für unsere Heilung. Es ist wichtig, die Wunder des Lebens, die uns umgeben, zu erkennen und zu sehen, wie viele Bedingungen für unser Glücklichsein bereits da sind. Dann können wir mit der Energie der Achtsamkeit unsere Gefühle der Wut, Furcht und Verzweiflung wahrnehmen, umarmen und verwandeln. Wir müssen uns nicht von diesen unangenehmen Gefühlen überwältigen lassen.

IN DIESEM AUGENBLICK ERWACHEN

Durch Gehmeditation erwachen wir in den wundervollen Augenblick, in dem wir leben. Hat sich unser Geist in Sorgen und Leid verfangen, oder lenken wir uns beim Gehen mit anderen Dingen ab, können wir uns nicht in Achtsamkeit üben und den gegenwärtigen Moment genießen. Wir verpassen unser Leben. Doch wenn wir wach sind, erkennen wir, dass dies ein wundervoller Augenblick ist, der einzige Moment, in dem das Leben verfügbar ist. Wir können jeden unserer Schritte wertschätzen; jeder Schritt bringt uns Glück, denn wir sind mit dem Leben in Berührung, mit der Quelle des Glücks und mit unserem geliebten Planeten.

EIN UNANGENEHMES GERÄUSCH VERWANDELN

Während eines Retreats in den Bergen Nord-
kaliforniens gab es in der Nähe einen Wald-
brand. Den ganzen Tag lang, bei der Sitzmeditation, der Gehmeditation und den stillen
Mahlzeiten, hörten wir den Lärm der Helikopter.
Während des Vietnamkriegs bedeutete Helikopterlärm Gewehrfeuer, Bomben und Tod. An
diesem Retreat nahmen viele Menschen teil,
die aus Vietnam stammten und den Krieg erlebt
hatten. Der Lärm war für sie sehr unangenehm;
den anderen Praktizierenden ging es ähnlich.
Doch es gab keine Wahl. Und so entschieden wir
uns, dem Lärm der Helikopter mit Achtsamkeit
zu lauschen. Achtsamkeit half uns zu sehen, dass
der Helikopter nicht im Krieg unterwegs war,
sondern im Einsatz, die Flammen zu löschen.
Durch Achtsamkeit verwandelten wir die unan-

genehmen Gefühle in angenehme Gefühle der Dankbarkeit. Wir atmeten ein und aus mit dem Lärm der Helikopter und überlebten das alle sehr gut. Wir verwandelten den Helikopterlärm in etwas Hilfreiches. Wir sagten:

Ich lausche, ich lausche.
Dieses Geräusch der Helikopter
bringt mich zurück
zum gegenwärtigen Moment.

SCHLAFEN

Wenn Sie im Bett liegen und nicht einschlafen können, ist es am besten, zu Ihrem Atmen
zurückzukommen. Ausruhen ist fast so erholsam
wie schlafen; Sie wissen, dass Sie in dem Moment das Beste tun, was Sie können. Beruhigen
Sie Ihre Atmung und Ihren Körper, so kann Ihr
Körper sich erholen.

SICH AUSRUHEN LERNEN

Wir müssen die Kunst des Ausruhens wieder erlernen. Selbst wenn wir Ferien haben, wissen wir oft nicht, wie wir diese Zeit sinnvoll nutzen. Vielfach sind wir nach dem Urlaub erschöpfter als zuvor. Wir sollten die Kunst des Entspannens und Ausruhens erlernen und jeden Tag allein oder mit anderen Tiefenentspannung praktizieren.

DAS SCHNARCHEN ALS STÜTZE

Manchmal müssen Sie mit jemandem in einem Raum schlafen, der schnarcht. Das ärgert Sie vielleicht. Durch Achtsamkeit können Sie jedoch auch Mitgefühl entwickeln. Nehmen Sie das Schnarchgeräusch als Stütze, um einzuschlafen. Lauschen Sie und sagen Sie sich, dass das Geräusch Sie nach Hause ins Hier und Jetzt bringt. Dann werden Sie das Schnarchen leichter akzeptieren können und dank des Schnarchens einschlafen.

UNSERE VORSTELLUNG
VOM GLÜCK

Wahrscheinlich haben Sie eine Vorstellung von
Glück, eine Idee von dem, was Sie glücklich
machen wird. Diese Idee hat ihren Ursprung
in Ihnen und Ihrem Umfeld und erzählt Ihnen,
welche Voraussetzungen und Bedingungen Sie
brauchen, um glücklich zu sein. Sie tragen diese
Vorstellung seit zehn oder zwanzig Jahren in
sich. Jetzt erkennen Sie, dass Sie durch diese
Vorstellung leiden. Ihre Vorstellung mag Elemente von Unwissenheit, Wut oder Gier enthalten.
Diese Elemente sind jedoch genau der Stoff, aus
dem das Leiden besteht. Andererseits wissen
Sie, dass Sie auch noch andere Erfahrungen machen: Augenblicke der Freude, des Loslassens,
der wahren Liebe. Das sind Momente wahren
Glücks. Haben Sie einen Moment wahren Glücks
erlebt, fällt es Ihnen leichter, die Objekte Ihrer

Gier loszulassen, weil Sie wissen, dass diese Sie nicht glücklich machen.

Viele Menschen haben das Bedürfnis, loszulassen, doch sind sie dazu nicht in der Lage, weil sie nicht über genügend Einsicht verfügen; sie sehen die Alternativen nicht, die anderen Zugänge zu Frieden und Glück. Angst ist ein Element, das uns daran hindert, loszulassen. Wir haben Angst, dass wir nichts mehr zum Festhalten haben, wenn wir loslassen. Loslassen ist eine Praxis, es ist eine Kunst. Eines Tages, wenn Sie stark und entschlossen genug sind, werden Sie den Kummer loslassen, der Ihnen Leid bereitet.

LOSLASSEN

»Loslassen« bedeutet stets *etwas* loslassen.
Dieses Etwas kann ein Objekt unseres Geistes
sein, das wir erschaffen haben, eine Idee, ein
Gefühl, ein Begehren. Daran festzuhalten kann
zu großem Unglück führen. Wir möchten so
gern loslassen, nur wie? Der Wunsch allein
reicht nicht. Zunächst einmal müssen wir diese
Vorstellung als etwas Vorhandenes anerkennen
und erkunden, woher sie kommt. Ideen entste-
hen aus Gefühlen, Emotionen und vergangenen
Erfahrungen. Mit der Energie der Achtsamkeit
und Konzentration können wir in die Tiefe schau-
en und die Wurzeln entdecken. Achtsamkeit und
Konzentration führen zu Einsicht, und Einsicht
kann uns helfen, das Objekt in unserem Geist
loszulassen.

BEI SICH SELBST SEIN

Wenn wir bei uns selbst sind, können wir entspannen. Es bedeutet nicht, allein oder weit weg von der Zivilisation zu sein. Wahres Bei-sich-selbst-Sein bedeutet, dass wir uns nicht von der Masse mitreißen lassen, von Sorgen über Vergangenes oder Zukünftiges oder von starken Gefühlen in der Gegenwart. Wir verlieren nicht unsere Stabilität und unseren Frieden. Wir nehmen Zuflucht zu unserem achtsamen Atmen und kehren in den gegenwärtigen Moment zurück, zur Insel des Friedens in uns. Wir genießen die Zeit, die wir mit anderen verbringen, aber wir verlieren uns nicht dabei. Selbst auf einem belebten Marktplatz lächeln wir und atmen voller Frieden, verweilen auf der Insel in uns selbst.

UNSERE SORGEN LOSLASSEN

Wenn Sie sich gut um den gegenwärtigen
Moment kümmern, sind Sie imstande, negative
Dinge aus der Vergangenheit zu verändern und
eine gute Zukunft zu erschaffen. Wir sorgen
und ängstigen uns häufig über das, was in der
Zukunft geschehen wird. Die Praxis hilft uns,
nach Hause in den gegenwärtigen Moment zu
kommen, zu unserem Körper, unseren Gefühlen,
zu dem, was uns umgibt. Durch unser achtsames
Ein- und Ausatmen werden Geist und Körper
eins, und wir sind wirklich da, um uns um den
gegenwärtigen Moment zu kümmern. Spüren
wir Stress und Anspannung, praktizieren wir
achtsames Atmen, um die Spannungen zu lösen.
Spüren wir ein schmerzvolles Gefühl, nutzen wir
die Achtsamkeit, um unser Gefühl zu umarmen. Entscheidend ist, dass Sie ganz da sind, im

gegenwärtigen Moment, im Hier und Jetzt. Dann können Sie sich um sich und um das, was in Ihrem Umfeld geschieht, kümmern. Sie denken nicht zu sehr über die Zukunft nach und verfangen sich auch nicht zu sehr in Vergangenem. Sie müssen lernen, wie Sie in den gegenwärtigen Moment zurückkehren, um sich gut um Ihren Körper und Ihre Gefühle in diesem Augenblick kümmern zu können. Wenn Sie lernen, im gegenwärtigen Moment zu sein, wird das Ihr Vertrauen in Ihre Fähigkeiten stärken, mit der Situation umzugehen. Sie lernen, sich um Ihre Gefühle und das, was in Ihrem Umfeld geschieht, zu kümmern. Das macht Sie zuversichtlich, und mit zunehmender Zuversicht sind Sie nicht länger das Opfer Ihrer Sorgen und Ängste.

GLÜCK IST EINE KOLLEKTIVE ANGELEGENHEIT

Wir können lernen, gut mit unseren Ängsten und Schmerzen umzugehen. Danach können wir auch anderen Menschen dabei helfen, weil wir es selbst direkt erfahren haben. Angst und Leid erleben nicht nur wir allein. Unsere Angst und unser Leid sind auch das Leiden unserer Eltern, unserer Freundinnen und Freunde und unserer Gesellschaft. Sie sind ich, und ich bin Sie. Wenn jemand von uns etwas Wundervolles erlebt, geschieht das uns allen. Geschieht einem von uns etwas Schreckliches, geschieht auch das uns allen. Diese Sichtweise entspringt der Einsicht in das Nicht-Selbst. Sie erkennen, dass Ihr Leiden, Ihre Angst ein kollektives Leiden sind. Durch diese Einsicht verstehen Sie, dass auch Glück kollektives Glück ist. Wir sind nicht getrennt voneinander.

DEN WORTEN TATEN
FOLGEN LASSEN

Wenn Sie Achtsamkeit praktizieren, um Anspannungen, Stress und Schmerz in Ihrem Körper loszulassen, werden Sie sich besser fühlen. Sehen
Sie dann einen Menschen, der angespannt wirkt
und körperliche Schmerzen hat, können Sie ihm
diese Praxis zeigen. Er wird Ihnen vertrauen, da
Sie über direkte Erfahrung verfügen. Sie haben
Ihren Worten Taten folgen lassen. Deshalb ist es
so wichtig, dass wir die Praxis zunächst für uns
selbst umsetzen. Allein schon Ihre Art zu leben
und auf Situationen zu reagieren kann hilfreich
sein. Wenn andere Menschen sehen, dass Sie
friedvoll und freundlich bleiben, können sie
bereits von Ihnen lernen.

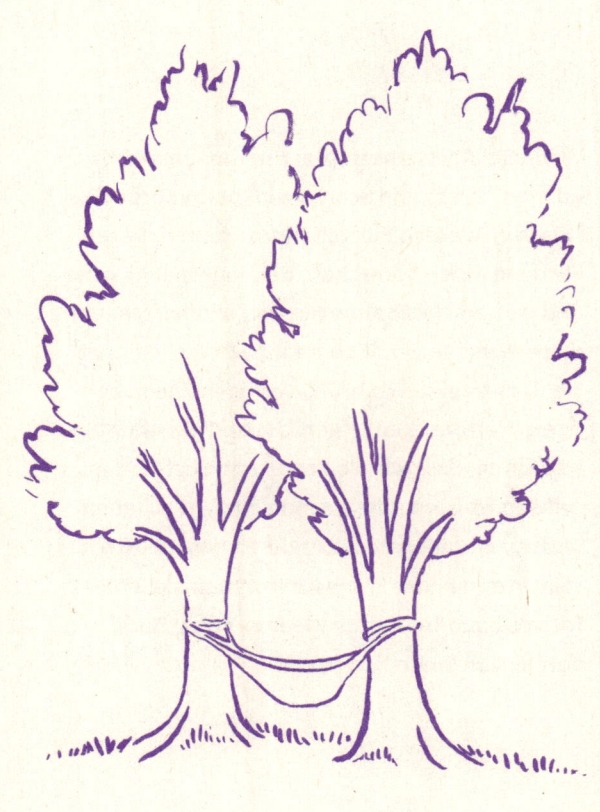

MÜHELOSIGKEIT

Müssen wir uns besonders anstrengen, um die Schönheit des blauen Himmels zu sehen? Oder etwas Besonders üben, um uns daran zu erfreuen? Nein, wir freuen uns einfach. Das können wir in jeder Sekunde, jeder Minute unseres Lebens tun. Wo immer wir sind, verfügen wir über die Fähigkeit, den Sonnenschein zu genießen, die Gegenwart der anderen und sogar die Empfindungen unseres Atmens. Wir müssen nicht nach China fahren, um uns am blauen Himmel zu erfreuen. Wir müssen nicht in die Zukunft reisen, um unser Atmen zu genießen. Wir können mit all diesen Dingen jetzt in Berührung sein. Es wäre schade, wenn uns nur das Leidvolle bewusst wäre.

STRESS LOSLASSEN

Stress sammelt sich in unserem Körper an. Die Art, wie wir essen, trinken und leben, wirkt sich auf unser Wohlbefinden aus. Wenn wir uns hinlegen und uns unseres Atems bewusst werden, kann unser Körper sich ausruhen und erholen. Nehmen Sie sich die Zeit für achtsames Atmen und das Loslassen von Spannungen. Nach nur fünf, zehn oder zwanzig Minuten ist Ihre Achtsamkeit wiederhergestellt und der Stress hat sich aufgelöst. Folgen Sie bei Schlafproblemen Ihrer Einatmung und Ausatmung. Wenden Sie sich mit Ihrer Aufmerksamkeit nacheinander den verschiedenen Körperteilen zu und entspannen Sie sie. Das kann Ihnen beim Einschlafen helfen. Und selbst wenn Sie nicht dabei einschlafen, hilft Ihnen das, sich tief zu entspannen.

DAS LEBEN IST SCHRECKLICH UND WUNDERVOLL

Meditation bedeutet, dass wir uns bewusst sind, was geschieht – in unserem Körper, in unseren Gefühlen, in unserem Geist und in der Welt. Tagtäglich verhungern Tausende Kinder. Jeden Tag sterben Pflanzen- und Tierarten aus. Doch der Sonnenschein ist schön, und die Rose, die an der Wand entlangwächst und an diesem Morgen erblüht ist, ist ein Wunder. Das Leben ist beides: schrecklich und wundervoll. Meditationspraxis beinhaltet, mit beiden Aspekten des Lebens in Berührung zu sein.

VERGEUDEN SIE NICHT IHR LEBEN

Auf einem Holzbrett außerhalb der Medita-
tionshalle vieler Zenklöster gibt es eine vierzei-
lige Inschrift. Die letzte Zeile lautet: »Vergeudet
nicht euer Leben.« Unser Leben besteht aus
Tagen und Stunden, und jede Stunde ist kost-
bar. Haben wir unsere Stunden und unsere
Tage vergeudet? Vergeuden wir unser Leben?
Wenn wir Sitz- oder Gehmeditation praktizieren,
fällt es uns leichter, achtsam und konzentriert
zu sein. Doch wir praktizieren auch während
des restlichen Tages. Das ist schwieriger, aber
möglich. Das bewusste Sitzen und Gehen kann
auf die Nicht-Sitzen- und Nicht-Gehen-Momen-
te unseres Tages ausdehnt werden. Das ist das
grundlegende Prinzip der Meditation.

GLÜCK UND GEWAHRSEIN

Bitte glauben Sie nicht, wir müssten ernst sein, um zu meditieren. Ob wir glücklich oder unglücklich sind, hängt von unserer Bewusstheit ab. Haben Sie Zahnschmerzen, wissen Sie, dass keine Zahnschmerzen zu haben Sie sehr glücklich machen würde. Doch wenn Sie keine Zahnschmerzen haben, sind Sie oft nicht glücklich. Wir alle sind imstande, neutrale Gefühle in angenehme Gefühle zu verwandeln. Sind Sie ausgeruht und entspannt, werden alle Lebewesen von Ihrer Entspanntheit und Energie profitieren. Das ist die Grundlage für jede Friedensarbeit.

LÄCHELN

Ein Lächeln kann Hunderte Muskeln in unserem
Gesicht entspannen und auch unser Nervensystem. Wir können den ganzen Tag über
lächeln. Zunächst fällt es uns vielleicht nicht
leicht zu lächeln, dann sollten wir darüber nach-
denken, warum das so ist. Zu lächeln bedeutet,
dass wir wir selbst sind, dass wir souverän und
unabhängig sind und nicht in Unachtsamkeit ver-
sinken. Das folgende kleine Gedicht können wir
von Zeit zu Zeit rezitieren, während wir atmen
und lächeln:

Ich atme ein und beruhige meinen Körper.
Ich atme aus und lächle.
Im gegenwärtigen Moment verweilend,
weiß ich, es ist ein wundervoller Moment.

BERUHIGEN

»Ich atme ein und beruhige meinen Körper.«
Diese Zeile zu rezitieren ist, als würden wir ein
Glas mit frischem Wasser trinken – wir spüren, wie die Frische unseren ganzen Körper
durchdringt. Wenn ich einatme und diese Zeile
rezitiere, spüre ich tatsächlich, wie das Atmen
meinen Körper und meinen Geist beruhigt.

DIESER AUGENBLICK,
WUNDERVOLLER AUGENBLICK

Während ich hier sitze, möchte ich nicht woanders sein. Ich sitze hier und weiß, wo ich bin. Das ist sehr wichtig. Wir neigen dazu, in der Zukunft lebendig sein zu wollen, nicht jetzt. Wir sagen: »Ich muss erst mit der Schule fertig sein oder meinen Doktortitel haben, dann werde ich wirklich leben.« Wenn wir das erreicht haben – und es war gar nicht so einfach –, sagen wir uns: »Ich muss warten, bis ich einen Job habe, damit ich wirklich anfangen kann zu leben.« Nachdem wir auch den haben, geht es um ein Auto und nach dem Auto um ein Haus. Es ist, als wäre jetzt nicht der Augenblick, um lebendig zu sein. Und so sind wir vielleicht während unseres gesamten Lebens nie lebendig. Der einzige Augenblick, um lebendig zu sein, ist der gegenwärtige.

SELBSTHEILUNG

Wir sollten unserem Körper vertrauen, dass er
die Fähigkeit zur Selbstheilung hat. Die Kraft der
Selbstheilung ist etwas Reales, an das viele von
uns aber nicht glauben. Stattdessen nehmen wir
jede Menge Vitamine und Arzneimittel zu uns,
die uns manchmal sogar schaden. Wir sollten
uns gut um unseren Körper kümmern, gut essen,
aber nicht zu viel, ausreichend schlafen und
Wasser trinken und ansonsten der Kraft des
Verstehens, der Heilung und Liebe in uns vertrauen. Sie ist unsere Zuflucht. Statt in Panik zu
verfallen oder uns der Verzweiflung hinzugeben,
praktizieren wir achtsames Atmen und vertrau-
en den Heilkräften in uns. Wir nennen dies die
Insel in uns selbst, zu der wir Zuflucht nehmen.
Es ist eine Insel des Friedens, des Vertrauens,
des Gefestigtseins, der Liebe und Freiheit. Seien

Sie diese Insel für sich selbst. Sie müssen sich nicht anderswo danach umschauen. Achtsames Atmen hilft Ihnen, zu der kostbaren Insel in sich selbst zurückzukehren, so dass Sie Ihr wahres Wesen erfahren können.

DER KRIEG IN UNS

Viele von uns wollen nicht nach Hause zu sich selbst zurückkehren. Wir fürchten uns davor. Es gibt so viel inneres Leiden und Konflikte, die wir vermeiden wollen. Wir beschweren uns, dass wir keine Zeit zum Leben haben, doch wir schlagen unsere freie Zeit tot, indem wir nicht zu uns selbst zurückkehren. Wir flüchten, indem wir den Fernseher einschalten, einen Roman oder eine Zeitschrift lesen oder mit dem Auto in der Gegend herumfahren. Wir laufen vor uns selbst davon und kümmern uns nicht um unseren Körper, unsere Gefühle oder Geisteszustände. Wenn wir mit unseren Eltern, unseren Freundinnen und Freunden, der Gesellschaft oder unserer Kirche im Krieg sind, dann vielleicht deshalb, weil in uns ein Krieg tobt. Ein innerer Krieg fördert andere Kriege. Wir haben Angst, zu uns selbst zurückzukehren, weil uns die Werkzeuge oder Mittel fehlen, uns selbst zu schützen. Mit Achtsamkeit können wir sicher nach Hause kommen und werden nicht von unserem Schmerz, unserem Kummer und unserer Depression überwältigt. Wir sind imstande, unseren Schmerz und unsere Sorgen zu umarmen.

DAS WASSER ÜBER DEN STEINEN

Die oft schwankenden und aufgewühlten Aktivitäten unseres Geistes sind wie ein reißender Strom, der über die Steine hinwegrauscht. In traditionellen buddhistischen Schriften wird der Geist oft mit einem Affen verglichen, der sich von Ast zu Ast hangelt, oder mit einem außer Kontrolle geratenen galoppierenden Pferd. Sobald unser Geist imstande ist, zu identifizieren, was geschieht, werden wir unsere Geisteszustände klar erkennen und sie beruhigen können. Das wird uns Frieden, Freude und Stille bringen.

EIN BOOT AUF STÜRMISCHER SEE

Stellen Sie sich vor, Sie sind auf einem Boot, das den Ozean überquert. Wenn Sie in einen Sturm geraten, ist es sehr wichtig, nicht in Panik zu verfallen. Dafür müssen Sie zu Ihrem Atmen zurückkehren. Wenn Sie Ruhe bewahren, werden Sie wissen, was Sie zu tun und was Sie zu lassen haben. Sonst kentert das Boot möglicherweise. Nehmen Sie Zuflucht zur Achtsamkeit, werden Sie die Dinge klarer sehen und erkennen, wie Sie eine Situation verbessern können. Achtsamkeit führt zu Konzentration und Konzentration zu Einsicht und Weisheit. Das ist die sicherste Zuflucht. Ihre Sicherheit und Stabilität hängt von Ihrer Praxis ab. Alles – ein Kind trösten, ein Haus bauen, Volleyball spielen – hängt von Ihrer Praxis ab.

NICHT ALLES IST LEIDEN

Manche sagen, dass alles Leiden sei. Das ist nicht wahr. Es ist eine Übertreibung, ein Missverstehen dessen, was der Buddha gesagt hat. Der Buddha sagte, dass es Leiden gibt, doch er sagte nicht, dass es nichts anderes gibt. Es gibt Ursachen für das Leiden, doch es ist möglich, einen Zustand zu erreichen, in dem es diese Ursachen nicht mehr gibt. Wir sollten natürlich nicht davon träumen, dass wir eines Tages hundertprozentig glücklich sind ohne einen einzigen Wermutstropfen. Denn es gibt immer irgendetwas. Doch wir können mit Leid und Glück auf kluge Weise umgehen.

SPANNUNGEN LOSLASSEN

Durch achtsames Atmen können wir alle Spannungen loslassen. Wir beginnen also stets mit Achtsamkeit. Achtsamkeit bringt den Geist in den gegenwärtigen Moment, wir sehen und erfahren die Dinge auf tiefere Weise. Wenn wir zum gegenwärtigen Moment zurückkehren, können wir erkennen, ob unser Körper angespannt ist. Wir schauen tief und erkennen: »Ah, ich bin angespannt, weil ich mich von meinen Sorgen, Ängsten und Plänen habe mitreißen lassen.« Dann können wir den Entschluss fassen, dies nicht länger zu tun.

VERLANGEN UND GLÜCK

Der Buddha hat oft gesagt, dass viele Menschen Verlangen und Glück verwechselten. Er selbst wuchs als Prinz auf. Bevor er Mönch wurde, führte er ein Leben, indem es vor allem um die Befriedigung von Bedürfnissen ging. Seine Worte basierten also auf seinen Erfahrungen. Er sagte, dass ein Leben mit wenigen Wünschen und Besitztümern wahres Glück bedeute, ein Leben, das uns Zeit lässt, die vielen Wunder in uns und um uns zu genießen. Begehren bedeutet, sich in unheilsamem Verlangen zu verfangen. Wenn der Geist begehrt, sind wir uns dieses Geistes- zustandes bewusst. »Das ist der Geist, der nach Wohlstand verlangt.« »Das ist der Geist, der sich Ansehen wünscht.« Wenn der Geist nichts begehrt, ist es wichtig, wahrzunehmen, dass der begehrende Geist nicht da ist. »Dies ist das

Wohlgefühl, das die Abwesenheit eines nach
Wohlstand verlangenden Geistes begleitet.«
»Dies ist das Wohlgefühl, das die Abwesenheit eines sich Ansehen wünschenden Geistes
begleitet.« Wir können Glück, Wohlbefinden und
Frieden erfahren, wenn wir diese Momente von
Nicht-Begehren beobachten. Wunschlosigkeit
ist die grundlegende Voraussetzung für Gefühle
der Freude, des Friedens und Wohlbefindens,
die mit einem einfachen Lebensstil einherge-
hen. Einfachheit bedeutet, wenige Wünsche
zu haben und mit einem einfachen Leben und
nur wenigen Besitztümern zufrieden zu sein.
Wunschlosigkeit ist die Basis für wahres Glück,
denn wahres Glück beinhaltet immer Frieden,
Freude und Wohlbefinden.

UNS DA ENTSPANNEN, WO WIR SIND

Wenn wir in einer Stadt leben, sind wir vielleicht sehr beschäftigt, und die Stadt selbst ist laut und schmutzig. Wir können nie den Mond oder die Sterne sehen und fühlen uns gefangen. Wir möchten uns zwei Tage freinehmen, um raus aufs Land zu fahren, doch wir tun es nicht, weil wir nicht loslassen können. Eines Tages sagt ein Freund zu uns: »Lass uns doch diesen Freitag aufs Land fahren.« Er schafft es, uns zu überreden. Wir steigen ins Auto, und bereits nach einer Dreiviertelstunde haben wir die Stadt hinter uns gelassen und sind auf dem Land. Wir spüren die frische Luft, die Weitläufigkeit, und das schenkt uns Freude. Diese Freude ist möglich, weil wir imstande waren, die Stadt hinter uns zu lassen. Loslassen führt zu Freude und Glück. Wir sollten einmal all die Dinge aufschreiben, die wir

nicht loslassen können. Dabei merken wir, dass
wir immer noch in vielen Dingen verfangen sind.
Wir sind nicht glücklich und freudvoll, weil wir
nicht fähig sind, loszulassen.

VORSTELLUNGEN VOM GLÜCK

Um glücklich zu sein, müssen wir als Allererstes unsere Ideen vom Glück loslassen. Das ist schwierig. Jeder von uns hat eine Vorstellung vom Glück; wir glauben, wir müssten dieses oder jenes haben, um glücklich zu sein, oder dieses oder jenes loswerden, um glücklich zu sein. Wir glauben, dass wir bestimmte Bedingungen bräuchten: Wir müssen dieses Haus oder Auto haben und jener Mensch muss mit uns zusammenleben, damit wir glücklich sein können. Wir haben all diese Ideen vom Glück. Wenn wir nicht glücklich und freudvoll sein können, liegt das daran, dass wir uns in unseren Ideen verfangen. Wir müssen fähig werden, sie loszulassen. Unsere Vorstellung vom Glück ist das Haupthindernis, um glücklich zu sein.

KEINE KÜHE ZU VERLIEREN

Eines Tages nahm der Buddha zusammen mit
seinen Mönchen im Wald ein stilles Mittagsmahl
ein. Ein Bauer kam eilig des Weges und fragte:
»Ehrenwerte Mönche, habt ihr meine Kühe
gesehen? Sie sind alle heute Morgen weggelau-
fen. Wie kann ich ohne meine Kühe überleben?«
Der Buddha sagte: »Lieber Freund, wir sitzen
hier schon eine Weile, doch es ist keine Kuh hier
vorbeigekommen. Vielleicht solltest du in der
anderen Richtung nach ihnen schauen.« Der
Bauer ging, um weiterzusuchen. Der Buddha
wandte sich an seine Mönche und sagte: »Liebe
Mönche, ihr könnt euch glücklich schätzen. Ihr
habt keine Kühe zu verlieren.« Eine Kuh steht
hier für etwas, was wir loslassen müssen. Unsere
Vorstellung vom Glück ist eine solche Kuh.

UNSEREN KÜHEN NAMEN GEBEN

Jeder von uns sollte sich hinsetzen mit einem Stück Papier und die Namen all seiner Kühe aufschreiben. Unter ihnen werden auch unsere Vorstellungen vom Glück sein. Wir verfangen uns darin und leiden. Wir kämpfen mit all diesen Dingen, doch schaffen wir es nicht, loszulassen. Wie viele Kühe haben wir? Manchmal wird eine Seite nicht reichen für die Namen all unserer Kühe. Wenn Sie diese Kühe loslassen, wird Sie das erleichtern und Ihr Glück vergrößern. Lassen Sie los, damit Glück, Freude und Frieden möglich werden.

FRIEDEN IN UNS IST DAS KOSTBARSTE

Erwachen geschieht heute, nicht in zehn oder zwanzig Jahren. Wir können fortwährend zu Einsichten gelangen, die uns helfen, uns von unseren Anhaftungen zu befreien. Wenn unser Geist voller Wut, Eifersucht oder Traurigkeit ist, können wir Stunde um Stunde, Tag für Tag darin verweilen. Das ist schade, denn gleichzeitig ist das Leben wundervoll. Wenn wir uns nur auf unser Atmen konzentrieren und auf das Erkennen, dass unser Körper ein Wunder ist, verstehen wir, dass nichts anderes wirklich wichtig ist. Nur der Frieden in unserem Körper und unserem Geist zählt. Jedem ist diese Einsicht möglich. Dieser Frieden ist das Kostbarste, was es gibt, kostbarer als jeder Besitz.

FREIHEIT IST EINE PRAXIS

Wollen Sie frei sein, konzentrieren Sie sich einfach auf Ihren Einatem und Ausatem. Atmen Sie drei Minuten lang ein und aus; in diesen drei Minuten sind Sie frei. Diese Freiheit müssen wir üben. Sie kommt nicht von allein. Wenn wir uns frei fühlen und nicht überwältigt sind von Wut oder Sorgen, können wir den Entschluss fassen, diese Freiheit zu kultivieren. Sind wir voller Angst, Sorgen oder Wut, treffen wir keine guten Entscheidungen. Wenn wir frei sind, gelingt uns das eher. Durch die Praxis des achtsamen Atmens und achtsamen Gehens können wir diese Freiheit erleben, wann immer wir wollen.

SEIEN SIE NICHT ZU BESCHÄFTIGT

Haben Sie das Gefühl, es fehle Ihnen etwas,
während Sie Ihren täglichen Aktivitäten nach-
gehen? Wonach suchen Sie, wenn Sie das
Geschirr abwaschen, etwas kochen, die Küche
putzen, gehen, stehen, sitzen oder liegen? Es
gibt nichts, worum Sie sich kümmern müssten.
Sie sind frei; es gibt nichts zu tun, nichts, dem
Sie hinterherlaufen müssten. Bei der Sitz- oder
Gehmeditation sollten Sie sich nicht besonders
anstrengen. Versuchen Sie nicht, etwas zu erreichen. Meditation sollte keine schwere Arbeit
sein. Es geht darum, ganz normal zu sein. Wenn
wir essen, essen wir einfach; wir sprechen nicht.
Sind wir müde, können wir uns ausruhen.

SELBSTMITGEFÜHL

Betrachten Sie Wut, Hass und Neid nicht als
Feinde, die Sie bekämpfen, zerstören oder ver-
nichten müssen. Wenn Sie die Wut auslöschen,
löschen Sie sich selbst aus. Auf diese Weise mit
der Wut umzugehen bedeutet, sich selbst in ein
Schlachtfeld zu verwandeln und sich in Stücke
zu reißen. So tun Sie sich selbst Gewalt an. Ohne
Mitgefühl für sich selbst können Sie auch anderen nicht mitfühlend begegnen. Wenn wir wütend werden, müssen wir uns bewusst werden:
»Ich bin wütend. Wut ist in mir. Ich bin die Wut.«
Das ist das Erste, was wir tun müssen.

Ich atme ein und spüre meine Wut.
Ich atme aus und lächle.
Ich bleibe bei meinem Atmen,
um mich nicht zu verlieren.

KEINE VORWÜRFE

Haben Sie einen Baum gepflanzt, der nicht so gut wächst, geben Sie ihm nicht die Schuld daran. Sie überlegen, warum er nicht so gut gerät: Vielleicht braucht er Dünger oder mehr Wasser oder weniger Sonne. Wir geben nie dem Baum die Schuld. Doch wie schnell machen wir das bei unserem Kind. Wenn wir uns gut um unsere Tochter kümmern, wird sie gut gedeihen wie ein Baum. Vorwürfe bewirken nichts Gutes. Machen Sie niemals Vorwürfe, versuchen Sie nicht, durch Vernunft und Argumente zu überzeugen; das hat nie eine positive Wirkung. Das ist meine Erfahrung. Kein Streiten, kein Argumentieren, keine Vorwürfe, nur Verständnis. Wenn Sie verstehen und Ihr Verständnis zeigen, können Sie lieben, und die Situation wird sich verändern.

DER ATEM IST EINE BRÜCKE

Unser Atem ist wie eine Brücke, die Körper und Geist verbindet. In unserem Alltag ist unser Körper oft an dem einen Ort und unser Geist ist ganz woanders, in der Vergangenheit oder in der Zukunft. Das ist ein Zustand der Unaufmerksamkeit und des Zerstreutseins. Der Atem ist eine Verbindung zwischen Körper und Geist. Wenn Sie achtsam ein- und auszuatmen beginnen, wird Ihr Geist zum Körper zurückkehren. Sie werden die Einheit von Körper und Geist verwirklichen und vollkommen präsent und lebendig im Hier und Jetzt sein. Sie werden das Leben in diesem Moment auf tiefe Weise berühren. Das ist nichts Schwieriges. Jeder kann das.

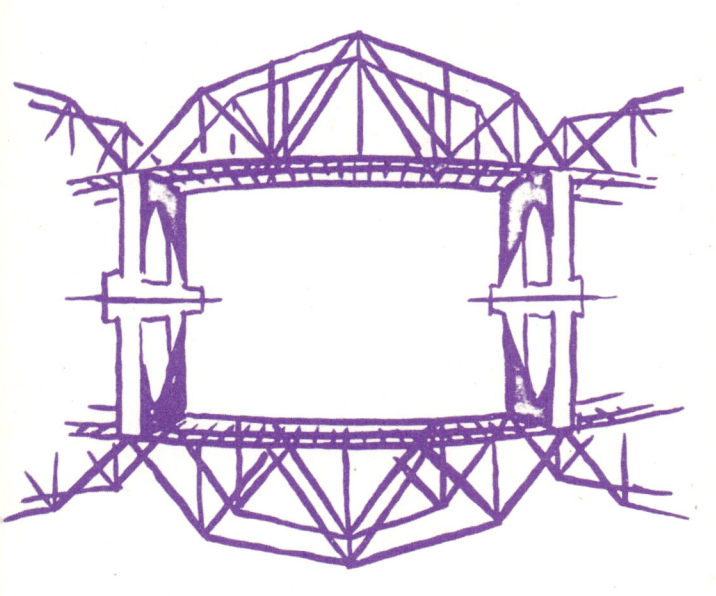

ENTSPANNTE PRAXIS

In der Traditionellen Chinesischen Medizin
geben die Ärzte ihren Patienten manchmal
Heilendes, das sehr gut schmeckt. Der Hei-
lungsprozess beginnt auf eine angenehme und
entspannte Weise einfach nur durch das Essen.
Das Gleiche gilt für die Praxis. Genießen Sie
Ihr Sitzen bei der Sitzmeditation. Erfreuen Sie
sich an Ihrem Atmen beim achtsamen Atmen.
Wenn Sie imstande sind, sich selbst zu genießen,
dann werden auch Heilung und Transformation
geschehen.

BEFREIUNG

Wir leben oft wie in einem Traum. Wir werden in die Vergangenheit oder in die Zukunft gezogen oder sind durch unsere Sorgen, unsere Unruhe und unsere Ängste blockiert. Wir halten an unserer Wut fest, was jede Kommunikation einschränkt. »Befreiung« bedeutet, diese Bedingungen zu verwandeln und hinter sich zu lassen, um vollkommen wach, entspannt, friedvoll, freudig und frisch zu sein. Wir praktizieren, innezuhalten und tief wahrzunehmen, um Befreiung zu erlangen. Leben wir auf diese Weise, ist es unser Leben wert, gelebt zu werden, und wir werden zu einer Quelle der Freude für unsere Familie und die Menschen in unserer Umgebung.

ENTSPANNTES SITZEN

Für das Sitzen vor dem Fernseher strengen Sie sich nicht an. Deshalb können Sie auch stundenlang davorsitzen. Wenn Sie sich bei der Meditation mit dem Sitzen quälen, werden Sie nicht lange sitzen können. Sitzen Sie einfach so, wie Sie im Wohnzimmer sitzen. Mühelosigkeit ist der Schlüssel zum Erfolg. Kämpfen Sie nicht. Strengen Sie sich nicht zu sehr an. Erlauben Sie sich, einfach nur zu sitzen. Diese entspannte Art des Sitzens ist zudem sehr erholsam. Erlauben Sie Ihrem Körper, sich auszuruhen und entspannt zu sein.

ZUR RUHE KOMMEN

Wenn Sie frisch gepressten Saft in ein Glas schüt-
ten und es für fünfzehn Minuten stehen lassen,
wird das Fruchtfleisch auf den Grund des Glases
sinken. Wenn Sie sich selbst gestatten, entspannt
und friedvoll zu sitzen, wird das Ihren Körper
und Ihren Geist zur Ruhe kommen lassen. Sie
können Ihren Einatem und Ausatem genießen,
einfach nur dasitzen und sich daran erfreuen,
lebendig zu sein.

ANSPANNUNG AUS GEWOHNHEIT

Vor einigen Jahren reiste ich nach Indien, um die buddhistische Gemeinschaft der Unberührbaren zu besuchen. Ein Freund hatte die Reise organisiert. Er selbst gehörte dieser Kaste an, die Tausende von Jahren diskriminiert wurde.

Er saß im Bus rechts neben mir. Ich genoss den Blick aus dem Fenster auf die indische Landschaft. Als ich meinen Kopf drehte, sah ich ihn sehr angespannt dasitzen. Er hatte alles getan, um meinen Aufenthalt so angenehm wie möglich zu machen, doch war er immer noch angespannt und voller Sorgen. Diese Gewohnheitsenergie war ihm von Generationen seiner Vorfahren übermittelt worden, die ihr ganzes Leben lang mit Diskriminierung und Unterdrückung zu kämpfen hatten. Es ist so schwer, solche Gewohnheiten zu verändern.

Ich sagte: »Lieber Freund, warum bist du so angespannt? Du hast alles so wunderbar organisiert. Und jetzt sitzen wir hier im Bus, da gibt es gar nichts zu tun und zu regeln; und wenn wir ankommen, werden unsere Freunde uns am Bahnhof abholen. Lehn dich doch zurück, entspann dich und genieße den Ausblick.« Er sagte: »In Ordnung.« Doch schon zwei Minuten später sah er wieder genauso aus wie zuvor, sehr angespannt, voller Sorgen über die Zukunft und nicht imstande, im Hier und Jetzt entspannt zu sein. Vielen von uns geht es genauso. Unsere Praxis besteht darin, mit dem Umherrennen aufzuhören und uns all der Wunder des Lebens bewusst zu werden, die uns im Hier und Jetzt zur Verfügung stehen.

MEDITATIONEN ZUM AUSRUHEN UND ENTSPANNEN

DIE GLOCKE EINLADEN

Gelassenheit, Frieden und Freude sind in uns, doch wir müssen Sie wachrufen, damit sie sich zeigen können. Eine Glocke einzuladen ist ein Weg, dies zu tun. Wenn ich eine kleine Glocke einladen möchte, lege ich sie auf die Innenfläche meiner Hand und atme ein und aus: »Einatmend beruhige ich mich. Ausatmend lächle ich.« Wenn Sie das tun, können Sie den folgenden kleinen Vers auswendig lernen. Rezitieren Sie die erste Zeile beim Einatmen, die zweite beim Ausatmen und so weiter:

> Körper, Rede und Geist sind vollkommen eins.
> Mein Herz begleitet den Klang der Glocke.
> Mögen alle, die ihn hören,
> aus der Unachtsamkeit erwachen
> und ihre Ängste und Sorgen überwinden.

DER GLOCKE LAUSCHEN

Die Glocke ist eine Freundin, die uns hilft, zu uns
selbst zurückzukehren und zur Ruhe zu kommen.
Mit Hilfe der Glocke sammelt sich unser Geist
und kehrt zum gegenwärtigen Moment zurück.
Wir hören mit dem Denken und Reden auf und
kommen zu uns selbst zurück, wir atmen ein und
aus und entspannen. Während Sie der Glocke
lauschen, stellen Sie vielleicht fest, dass Ihr
Einatem und Ausatem ganz von selbst länger und
entspannter werden. Hier ist ein Vers dazu.
Ihr »wahres Zuhause« ist die Insel in Ihnen selbst,
Ihre Stabilität, Ihr Frieden und Ihre Freude.

Horch, horch.
Dieser wundervolle Klang
bringt mich zurück
zu meinem wahren Zuhause.

UNS WENIGER SORGEN

Manchmal denken und sorgen wir uns ununterbrochen. Es ist, als ließen wir in unserem Kopf unablässig ein und dieselbe CD abspielen. Wenn wir den Fernseher lange Zeit laufen lassen, wird das Gehäuse heiß. Auch unser Kopf läuft heiß vom vielen Denken. Wenn wir damit nicht aufhören können, schlafen wir wahrscheinlich auch nicht gut. Die Alternativmedizin ist achtsames Atmen. Praktizieren wir achtsames Atmen fünf Minuten lang und lassen unseren Körper zur Ruhe kommen, dann denken wir in dieser Zeit nicht. Wir können Worte wie »ein« und »aus« benutzen, um uns unseres Atmens gewahr zu sein. Das ist kein Denken; diese Worte sind keine Konzepte. Sie sind Wegweiser für das achtsame Atmen. Wenn wir zu viel denken, schmälert das die Qualität unseres Seins. Hören wir mit dem

Denken auf, erhöhen wir diese Qualität. Dann erleben wir mehr Frieden, Entspannung und Ruhe.

EIN, AUS, TIEF, LANGSAM

Den unteren Vers können Sie jederzeit praktizieren, er eignet sich besonders, wenn Sie wütend, voller Sorgen oder traurig sind. Wenn Sie wissen, wie Sie mit diesem Gedicht üben können, werden Sie sich schon nach nur ein oder zwei Minuten besser fühlen.

> Ein, aus.
> Tief, langsam.
> Ruhig, leicht.
> Lächelnd, frei.
> Dieser Augenblick, wunderbarer Augenblick.

»Ein, aus« bedeutet, dass ich beim Einatmen weiß, dass ich einatme, und beim Ausatmen weiß, dass ich ausatme. Sie sind hundertprozentig beim Einatmen und Ausatmen.

Denken Sie an nichts anderes. Das ist das Geheimnis des Erfolgs.

Nachdem Sie mit »ein, aus« drei, vier oder fünf Mal Ihren Atem begleitet haben, werden Sie merken, dass Ihr Einatem ganz von selbst tiefer und Ihr Ausatem langsamer geworden ist. Ihr Atem ist ruhig und Sie fühlen sich friedvoller. Das ist »tief, langsam«.

»Ruhig, leicht« bedeutet: »Einatmend fühle ich mich ruhig. Ausatmend fühle ich mich leicht.« Diese Übung kann man sehr gut nutzen, wenn man sich nervös, wütend oder nicht im Frieden mit sich fühlt.

Dann kommen Sie zu »lächelnd, frei«. »Einatmend lächle ich.« Vielleicht erscheint es Ihnen zu schwierig zu lächeln. Doch nach drei, vier Mal spüren Sie möglicherweise, dass Sie dazu imstande sind. Wenn Sie lächeln können, werden Sie sich schon viel besser fühlen. Sie mögen protestieren: »Warum wollen Sie, dass ich lächle? Das ist kein natürliches Lächeln.« Viele Menschen fragen mich das und beteuern: »Ich habe keine Freude in mir. Ich kann mich nicht zum Lächeln zwingen. Das wäre nicht echt.« Ich sage dann immer, dass ein Lächeln eine Art Yoga-Praxis ist, ein Mund- oder Gesichts-Yoga. Sie lächeln einfach, selbst wenn Sie in dem Moment keine Freude empfinden. Und Sie werden sehen, dass Sie sich danach anders fühlen. Manchmal übernimmt der Geist die Initiative, und manchmal müssen Sie zulassen, dass der Körper die Initiative ergreift.

BODY SCAN

Wenn Sie nur wenige Minuten haben, um zu sitzen oder sich im Liegen auszuruhen, können Sie auch einen Body Scan durchführen, also mit Ihrer Aufmerksamkeit durch den Körper gehen. Am Scheitel des Kopfes beginnend bis hinunter zu den Zehen, bringen Sie Ihr achtsames Gewahrsein an verschiedene Körperstellen. Sie können dabei vielen oder auch nur einigen Stellen Ihres Körpers Aufmerksamkeit schenken. Das können Sie jederzeit und überall tun, um sich zu entspannen und die Spannungen in Körper und Geist zu lösen.

Ich atme ein und bin mir meiner Augen bewusst.
Ich atme aus und lächle meinen Augen zu.

Gut sehen zu können ist etwas Wunderbares.
Wir müssen uns gut um unsere Augen kümmern
und sie von Zeit zu Zeit entspannen, besonders
bei der Arbeit.

Ich atme ein und bin mir meines Herzens
bewusst.
Ich atme aus und lächle meinem Herzen zu.

Sie haben Ihrem Herzen vielleicht längere Zeit
wenig Beachtung geschenkt. Möglicherweise
bereiten Sie Ihrem Herzen Probleme durch die
Art, wie Sie arbeiten, durch das, was Sie essen
und trinken und wie Sie sich ausruhen. Ihr Herz
arbeitet Tag und Nacht für Ihr Wohlergehen,
doch weil es Ihnen an Achtsamkeit fehlt, haben
Sie Ihr Herz nicht unterstützt.
Es ist gut, ein oder zwei Mal am Tag mindestens
einen Körperteil in den Mittelpunkt der Aufmerksamkeit zu rücken und sich zu entspannen.

TELEFONMEDITATION

Bevor Sie jemanden anrufen, sollten Sie sich zunächst beruhigen.

Worte können Tausende Kilometer reisen. Worte können die Kommunikation wiederherstellen helfen und zu wechselseitigem Verständnis führen. Ich gelobe, dass das Gespräch, das ich nun führen will, uns näher zusammenführt und unsere Freundschaft wie eine Blume erblühen lässt.

Auch wenn Sie einen Anruf erhalten, können Sie praktizieren, bevor Sie ihn annehmen.

Ich höre, ich höre.
Die Achtsamkeitsglocke des Telefons bringt mich zurück zu meinem wahren Zuhause.

COMPUTERMEDITATION

Eine Glocke ist eine Freundin, eine menschliche
Erfindung, die uns helfen soll. Wenn Sie am
Computer arbeiten, wird die Arbeit Sie möglicherweise sehr absorbieren, und Sie vergessen,
dass Sie einen Körper haben und lebendig sind.
Manchmal vergessen Sie vielleicht sogar zu
atmen. Es gibt mittlerweile Computerprogram-
me oder Apps, die Sie so einstellen können, dass
jede Viertelstunde eine Glocke erklingt. Sie zu
nutzen ermöglicht Ihnen, zu sich selbst zurückzukehren, zu lächeln und ein- und auszuatmen,
bevor Sie mit der Arbeit fortfahren. Viele von
uns machen das inzwischen. Der Klang der
Glocke, der Sie daran erinnert, zu sich selbst
zurückzukehren und das Atmen zu genießen, ist
eine wunderbare Form der Pause.

TIEFENENTSPANNUNG

Tiefenentspannung gibt Ihrem Körper die Gelegenheit, sich auszuruhen, zu heilen und sich zu regenerieren. Sie bringen Ihre Aufmerksamkeit zu jedem Körperteil: Haare, Kopfhaut, Gehirn, Ohren, Nacken, Schultern, Arme, Hände, Finger, Lunge, alle inneren Organe, das Verdauungssystem, Becken, Beine, Füße, Zehen. Senden Sie jedem Körperteil und jeder Zelle Ihre Liebe und Ihre Fürsorge.

Legen Sie sich auf den Rücken, die Arme seitlich am Körper. Machen Sie es sich bequem. Erlauben Sie Ihrem Körper, sich zu entspannen. Seien Sie sich des Bodens unter Ihnen bewusst, des Kontaktes zwischen Körper und Boden. Lassen Sie Ihren Körper in den Boden sinken.

Werden Sie sich Ihres Atems bewusst. Nehmen Sie Ihre Bauchdecke wahr, die sich beim Ein- und Ausatmen hebt und senkt.

Wenden Sie Ihre Aufmerksamkeit beim Einatmen Ihren Augen zu. Entspannen Sie Ihre Augen beim Ausatmen. Lassen Sie die Augen zurück in den Kopf sinken. Lassen Sie die Spannungen in allen kleinen Muskeln im Augenbereich los. Ihre Augen emöglichen Ihnen, ein Paradies der Formen und Farben zu sehen. Erlauben Sie Ihren Augen, zur Ruhe zu kommen. Senden Sie Ihren Augen Liebe und Dankbarkeit.

Bringen Sie Ihre Aufmerksamkeit beim Einatmen zu Ihrem Mund. Entspannen Sie den Mund beim Ausatmen. Lassen Sie die Spannung um Ihren Mund los. Ihre Lippen sind die Blüten einer Blume.

Lassen Sie ein sanftes Lächeln auf Ihren Lippen erblühen. Das Lächeln löst die Spannung in den Hunderten von Gesichtsmuskeln auf. Spüren Sie, wie sich die Spannung in Ihren Wangen, in Ihrem Kiefer und in Ihrer Kehle auflöst.

Bringen Sie Ihre Aufmerksamkeit beim Einatmen zu Ihren Schultern. Entspannen Sie die Schultern beim Ausatmen. Lassen Sie sie in den Boden sinken. Lassen Sie alle angesammelten Spannungen in den Boden abfließen. Sie tragen so viel auf Ihren Schultern. Sorgen Sie für Ihre Schultern, entspannen Sie sie.

Werden Sie beim Einatmen Ihrer Arme gewahr. Entspannen Sie beim Ausatmen Ihre Arme. Lassen Sie Ihre Arme in den Boden sinken. Entspannen Sie die Oberarme, die Ellbogen, die Unterarme, die Handgelenke, die Hände und alle winzigen Muskeln in Ihren Fingern. Bewegen Sie Ihre Finger ein wenig, wenn nötig; das hilft den Muskeln, sich zu entspannen.

Bringen Sie Ihre Aufmerksamkeit beim Einatmen zu Ihrem Herzen. Lassen Sie Ihr Herz sich beim Ausatmen entspannen. Sie haben Ihr Herz lange Zeit vernachlässigt und ihm Stress bereitet durch die Art, wie Sie arbeiten, essen und mit Angst und Stress umgehen. Ihr Herz schlägt für Sie Tag und Nacht. Umarmen Sie Ihr Herz mit Achtsamkeit und Sanftheit; versöhnen Sie sich mit Ihrem Herzen; kümmern Sie sich um Ihr Herz.

Bringen Sie Ihre Aufmerksamkeit beim Ausatmen zu Ihren Beinen. Lassen Sie Ihre Beine sich beim Ausatmen entspannen. Lösen Sie alle Spannungen in Ihren Beinen, den

Oberschenkeln, den Knien, Unterschenkeln, Waden, Knöcheln, den Füßen, Zehen und in all den winzigen Zehenmuskeln. Vielleicht mögen Sie die Zehen ein wenig bewegen, um ihnen zu helfen, sich zu entspannen. Senden Sie Ihren Zehen Liebe und Fürsorge.

Ihr ganzer Körper fühlt sich beim Einatmen und Ausatmen so leicht an wie Seegras auf Wasser. Sie müssen nirgends hingehen, müssen nichts tun. Sie sind frei wie die Wolke am Himmel.

Bringen Sie Ihre Aufmerksamkeit zurück zu Ihrem Atem, zu Ihrer Bauchdecke, die sich hebt und senkt.

Dem Atem folgend, werden Sie sich Ihrer Arme und Beine bewusst. Vielleicht mögen Sie sie ein wenig bewegen und strecken.

Wenn Sie dazu bereit sind, setzen Sie sich langsam auf.

Wenn Sie dazu bereit sind, stehen Sie langsam auf.

BÜCHER ZUM WEITERLESEN

Thich Nhat Hanh: Achtsam arbeiten, achtsam leben: Der buddhistische Weg zu einem erfüllten Tag, München 2013.

Thich Nhat Hanh: Achtsam sprechen, achtsam zuhören: Die Kunst der bewussten Kommunikation, München 2014.

Thich Nhat Hanh: Achtsamkeit Survival-Kit: Fünf grundlegende Übungen, München 2015.

Thich Nhat Hanh: Gut sein und was der Einzelne für die Welt tun kann, München 2014.

Thich Nhat Hanh: Nenne mich bei meinen wahren Namen, München 2010.

Thich Nhat Hanh: Mit dem Herzen verstehen, München 2010.

Thich Nhat Hanh: Versöhnung mit dem inneren Kind: Von der heilenden Kraft der Achtsamkeit, München 2011.

PRAXISZENTREN

Die Kunst des achtsamen Lebens in der Tradition von Thich Nhat Hanh wird weltweit in Praxiszentren gelehrt. Informationen dazu finden Sie unter:

Plum Village
13 Martineau
F-33580 Dieulivol
www.plumvillage.org

Workshops und Retreats in deutscher Sprache finden Sie unter:

EIAB
Europäisches Institut für Angewandten Buddhismus
Schaumburgweg 3
51545 Waldbröl
www.eiab.eu

Intersein
Zentrum für Achtsamkeit und Meditation
Unterkashof 50
94545 Hohenau
www.intersein-zentrum.de
Infos unter: www.intersein.de

EINFACH
ESSEN
THICH NHAT HANH

O.W. BARTH

Bewusst und gesund essen – wer achtsam isst,
braucht keine Diät.

ISBN 978-3-426-29249-5

Harmonische Beziehungen schaffen – für ein
liebevolles Miteinander.

ISBN 978-3-426-29250-1

Einführung in die Sitzmeditation – für mehr
Glücksmomente im Leben.

ISBN 978-3-426-29248-8

Einführung in die Gehmeditation – um die
Wunder des Lebens zu genießen.

ISBN 978-3-426-29251-8